잔인한 꽃말

시산맥 기획시선 157

잔인한 꽃말

시산맥 기획시선 157

초판 1쇄 인쇄 | 2025년 8월 25일
초판 1쇄 발행 | 2025년 9월 5일

지은이 임호일
펴낸이 문정영
펴낸곳 시산맥사
편집주간 김필영
편집위원 최연수 박민서
등록번호 제300-2013-12호
등록일자 2009년 4월 15일
주소 03131 서울특별시 종로구 율곡로 6길 36. 월드오피스텔 1102호
전화 02-764-8722, 010-8894-8722
전자우편 poemmtss@naver.com
시산맥카페 http://cafe.daum.net/poemmtss

ISBN 979-11-6243-616-5 (03810) 종이책
ISBN 979-11-6243-617-2 (05810) 전자책

값 12,000원

* 이 책은 충주시, 충주문화관광재단의 후원을 받아 '충주문화예술지원사업'의 일환으로 발간되었습니다.
* 이 책의 저작권은 저자에게 있습니다. 글의 훼손이나 내용을 일부분이라도 저자 허락 없이 인용 또는 무단 사용을 금합니다.
* 지은이와의 협의에 의한 인지는 생략합니다
* 이 책은 교보문고에서 E-BOOK(전자책)으로도 제작하여 판매합니다.
* 잘못 제작된 책은 바꾸어 드립니다.

잔인한 꽃말

임호일 시집

| 시인의 말 |

시집을 펼친다
페이지를 펼치면 순서를 기다리는 페이지의 시어들이
줄을 잘 맞춘 가로수처럼 기다린다
맑은 숲속 수줍게 피어 있는 온갖 색색의 꽃처럼
활짝 피어 기다린다
그 시어에
그 꽃들에
그 사물에
그 나무에
그 풀잎에
그 길가에 앉아 듣는 치르치르 벌레 소리 새들의 노래
서로가 끌어안을 수 있는 소중한 인연을 만들고
시인의 가슴으로
모두와 함께 어울림해 본다

사랑과 행복의 기억
이별과 슬픔
詩 주제였던 사연 속 그 주인공들
그리고
웃고 울어야 했던 내 삶의 발자국
이 모두가 다 詩의 생명을 얻어 감정이 담긴
시집 페이지다.

그 페이지.

2025년 백초 임호일

■ 차례

1부
백초의 백 가지 이로움

공허의 소리	21
가난도 인정처럼 살았다	22
마음의 번민	24
마음이 묻기를	25
백 초	26
무상 초인	28
사랑은 그런 거래요	29
사랑하며 사는 것에	30
이젠 욕심도 없다	32
자네 죽으면 무얼 할 텐가	34
잔인한 꽃말	36
정상 욕심	37

2부

삶의 흔적

구하는 답	41
교현아파트	42
물망초 사랑	44
미움이 아니었길	46
버드리	48
그냥 죽어야겠다	50
선택의 그릇	51
이첩 반상	52
인사	54
잠깐, 담뱃값 알고 핍시다	55
폐지 줍는 노인	56
품바	58

3부
봄의 향기

겨울이 지난 봄	63
매화 향기	64
백목련의 봄	65
서라벌 내리는 꽃비	66
사월	68
애린의 마음	70
벚꽃 비	72
오늘 핀 꽃잎	73

4부
여름 바닷가에서

삶의 차이	77
모기	78
바닷가에 앉아	80
바람꽃 2	82
삶의 여정	84
솔의 품격	86
영원의 포옹	88
옥시기래요	90
칠월 숲 바다	92
태백 가는 길	93
황톳길	94
휴가 계획	96

5부

봄의 향기

만추晩秋 1	101
국화 詩人	102
국화꽃이 좋아서	104
남자의 고독	106
바람의 간이역	108
빛바랜 시집을 품고	110
사랑 배율	112
술에도 외로움이 있다	114
시비詩碑	116
안개 찻집	118
외 저운 삶	120
이별의 플랫폼	122
주왕산 가을	124
천수天壽까지 살아 볼까	126
폐 거리의 그리움	128
추연惆然	130
혼란昏亂	131

6부

겨울 하얀 눈꽃이 핀다

겨울 바닷가에서	135
가리탕	136
물꽃의 동면	138
봄을 품은 겨울	139
영덕 바닷가에서	140
이방인의 맑은 눈	142
이삭 휴일	144
첫눈	145

7부
행복, 슬픔, 그리고 그리움

나는 천사가 되었어요	149
고마웠어, 그리고 미안해	150
기러기 바람	152
당신이 고맙습니다	154
바람과 구름의 해후	156
내 살아 그리움이여	158
별이 되어	159
봉인문	160
사랑 아니어도 좋은 벗	162
사랑과 이별의 같은 분량	163
새벽에 핀 바람 소리	164
아가야	166
아름답게 살겠습니다	168
우리가 죄인이란다	170
투병	172
저 바다는 왜	174

1부

백초의 백 가지 이로움

공허의 소리

어둠의 소리
달빛의 소리
새벽의 소리

빛의 소리
꽃의 소리
돌의 소리

나는 도대체 무엇인가?
나는

나는 무엇의 소리인가!

가난도 인정처럼 살았다

삶이 빈약해 물컹했어도 뭉겨지지 않았다
삶이 빈약해 허술했어도
부서지지 않았다
그저
오늘 하루도 횡재한 시간처럼
고마웠고
라면 한 그릇의 한 끼도 축복처럼
행복했었다

으리으리한 저택 값비싼 샹들리에 걸린 실내는 화려했다
뭐 하나 부족함 없이 가득 채워진
그들의
표식 같은 증표
뜰엔
바다 같은 호수가 있고 우람한 수목의 섬 큰 산이 있더라

욕심으로 살아보니 좋던가!
그러면
뭐 하겠는가
떠날 때는 옷 한 벌 빈손 아니겠는가!

억울해서 어쩌나
난

가난을 인정처럼 살려네.

마음의 번민

이 세상 한 생명체로 태어났으나, 어찌하여 삶이
이리
고달프던가!
번민이 번민을 낳고 내게는 필경
정과
사랑이 문제로다.

진즉 내 안의 수컷 욕정을 다스릴 줄 알았더라면
나는
아마도 단연코
어떤 고요처럼 산사에 홀로 앉아
필시

깨달음을 얻고 있으리라.

마음이 묻기를

마음이 제게 질문을 합니다
사랑하는 그에게 거짓된 위선은 없었느냐고
순백의 마음으로
그렇다
답하겠습니다

나는 절대적 위대하지도 않으며 초라하지도 않습니다
평범한 삶의 순수 가치를 소중히 여기는
존재라고
그렇게
답하겠습니다

사랑하는 이여!

안식을 주는 당신의 맑고 고귀한 존재 가치를 감히
부정한 적이 없습니다
맑은 샘물로 솟아
그대, 인생에 목마름을 적실 수 있게
당신의
뜰에 있겠습니다

초심처럼.

백 초

백 초는 말이죠. 하얀 축복 내린 상고대의
설화 꽃이 좋아요
순백의 꽃
하얀 꽃밭의 맑은 영혼이 호호거리는
설 꽃
백 초처럼
하얗게 살고 싶어요

백 초는 말이죠
겨울 눈 속에 꽃잎을 터트리는 하얀 설화란 꽃이 예뻐요
봄이면 백목련
여름 백합꽃, 백작약, 하얀 찔레꽃
가을이 되면 하얀 구절초, 하얀 코스모스
하얗게
하얗게
다
예뻐요

그리고

백 초는 말이죠, 모든 세상에 해롭지 않을
백 가지
이로운 약초가 되고 싶어요
하나하나 백 가지의 효능을 삭혀야 생명수를 얻는 약초
만병통치萬病通治
신비의 영약
생명의 치유治癒를 위한 백의 미소
백 초가 되고 싶어요

백 초.

무상 초인

무에를 얻으려 함이 곧 유상$_{有想}$이다
그렇기로
너는 고요하여라
몹쓸 욕심에
더 높은 곳을 오르려 하지 마라
그건, 새들의 몫이다.
풀잎과 초목 뿌리는 오르는 것을 한평생 모르되
그 본질을 익혀 두고
물은
내리는 것에 익숙하므로
연마해 두면
필시

저 푸른 생명의 숲에 너는 초인이리라.

사랑은 그런 거래요

나는 허기진 당신을 위해 오목하고 예쁜
그릇이 되려 합니다
밥과 요리를 담아 당신이 맛있게
드신다면
너무 좋을 거 같습니다

나는 당신에게 옷이 되고 싶습니다
당신이 멋지고 아름다울 수 있다면 구겨지고 더럽혀진들
어떻습니까
당신 삶의 곁에 함께 있다는 것이
행복합니다

나는 당신이 딛고 가는 신발이고도
싶습니다
돌과 흙길에 부딪고 찢겨
상처뿐인 만신창이 신발이어도 당신이 편하다면
괜찮습니다

사랑은
사랑은

그런 거라고 했어요.

사랑하며 사는 것에

이 세상 나의 삶 속에 사랑해야 할 사람이 너무 많다
오랜 인연도 있지만
첫 만남의 싱그러운 인연이 되었던
그들과
나에게는
다
아름답고 소중하게 만남이 된
사람들이다

옥색의 밝음이 선한 빛을 발하듯
사람이 좋아 선뜻 손을 내밀어 귀한 사랑을 청할 때면
그는
향기의 꽃이 되어 주었다
모두가
다
그런 사랑들이다

순수한 인연
그래
사랑의 사람아!

어찌

이만큼보다 더 좋겠는가.

이젠 욕심도 없다

여러 날을 하루로 묶어 한 다발씩 안고
하루로 살 수 있다면
그리 살겠네
살아갈 날 짧다면 짧은 대로 살고 아등바등 살지 않으려네
욕심을 놀부에게 보태 주고
겸허하게
운명의 몫으로 살고 싶네

무에 사연을 물을랑 마오
험한 삶 절박했기로 젊음의 청춘마저 가고 없는 삶의 여정
문득
살아 있었다 싶어 하늘 한번 보고 웃지
그래
그래
하얀 뜬구름처럼 바람처럼
물 흐르듯 살자

황제처럼 태어나 황제같이 살지 못한
몹쓸 가난의 복
평생 굴렁쇠처럼 동동 구르는 삶의 욕심도 내게 사치였지

가을바람 하얗게 억새가 흔들리다 고개 숙이면
어느 날엔가
익숙하던 내 그림자 보이지 않더라도
찾지 말게

그저
하얀 국화 한 송이에
정말

고맙지.

자네 죽으면 무얼 할 텐가

이 좋은 세상에 태어나 한평생 살다 살다
벗이여
자네 죽으면 무얼 할 텐가?
나는 말일세
살다 이승 인연이 다 하여 저승길 맞이한다면 참 아쉬움 있겠지
하여
죽어 영혼이 떠나는 길
보고 싶었던 사람 찾아가 다 보고 가려네
아직 희미하게 남은 첫사랑도 찾아 보고 가려네
내 가슴에 담고 살아온 세월처럼
이젠
많이 늙었겠지

내가 가는 세상에
술과 향기 짙은 붉은 홍등가가 그곳에도 있다면
한 번쯤
그곳에 술꾼처럼 갈지도 몰라
술 한잔 마실 줄 몰라 이승의 벗들에게
구박 참 많이 받았거든
이 사람아

내
죽거든 울지 말게
눈물 아껴 두었다. 우리 다시 만날 때 그때 술 한잔 나누며
울어 봄세
내 삶의 세월을 나눈
벗이여!

그런 자넨 죽으면 무얼 할 텐가?

잔인한 꽃말

나는 그댈, 꽃이라 했다
그러나
어둠을 밝히고 서 있는 이슬 같은 빛을 짓밟고 간
몹쓸 사랑
그저
바람을 좋아했지

꽃잎이 찢긴다
바람에

빛이 등 돌린 어둠 속에서 들리는 싸늘한 바람의 울음소리
예리하게 칼날이 스치는 폐허의 수렁에 쓰러져
그대
그렇게 봄을 망가뜨리고
말았는가

풀잎에 쓰러져 서럽게 울던 바람 소리
흔적 없이 부서지는
꽃잎
그대의

잔인한 꽃말.

정상 욕심

낮게
더
낮게
더 낮게 할수록 가까운 이웃이 있습니다

한 발
한 발 더 오릅니다
오를수록 먼 곳이 보입니다
정상의 욕심

이제
그대
삶에
더는 낮은 곳의 가까운 이웃이 없습니다

추락하지 않는 겸손의
낮은
자세
정말

어렵습니다.

2부

삶의 흔적

구하는 답

그대라는 부름처럼 벗님들이여!
오늘 하루도
찬란하게 빛나는 멋진 인생 진로를 설계하십니까?
그러하시군요
그럴 수 있는 그대가
부럽군요

오늘도 역시, 외로운 밤이군요

나는 고민 중입니다
남은 삶
태워지는 담배 연기로 폐부 가득 채우며
콜록거리다
객담咯痰의 잠을 잘 것인가
걷고 있는 고독한 방향타를 바꿀 것인가
얻지 못한 답

지금
이 시간까지도 구하지 못한 답

그대라면.

교현아파트

서울에서 충주로 삶을 옮긴 지도 9년이 됐다
올봄 5월 교현아파트에
새 둥지를 틀었다
새로운 변화라면 아파트 벽을 타고 바닷소리가 들릴 때다
파도 소리는 내가 사는 곳 1층을 지나고
콘크리트 바닥에
부서져 소멸한다
그리 넉넉지 않은 아파트 이웃
땀내 얼룩을 씻어내는 고단한 소리도
파도가 된다
거친 강풍을 만난 파도처럼
쏟아져 내려간다
허기진 소리
그들이 준비하는 끼니 준비에도
파도 소리는 들린다

때론
술 취한 이웃의 다툼 소리에 달려온 순찰차 사이렌 소리
창문을 열고 무슨 일인가!
궁금해하던 이웃

내가 사는 아파트 단지엔 어른들이
많이 계신다
큰 나무 아래 쉼터 정자에는 이야기꽃이 핀다
아파트 입구에 잘 조성해 놓은
두레박 우물터가 있는

교현아파트.

물망초 사랑

사랑하고 살아도
더러
힘든 삶이 당신을 속상하게 했거든, 당신과 고운 사랑
다툼이 되지 않기를 바랐던
간절함

부딪고 살다 보면
서로 아껴주는 세월도
잠시라는데

가끔 몹시 미워지는 사랑
노여운 마음 혼자 외로워했을 당신 슬픔
정말 몰랐던 것도
아닙니다

사랑하였기로
사랑으로 배려하며 모든 걸
포용한
한결같은 사랑
당신의 물망초 꽃잎에 입을 맞추는

나

당신을 사랑합니다.

미움이 아니었길

초저녁 해 붉으락 즈음 집 근처 미용실
스산한 외로움이 엉켜 있는
부스스한 머리카락
방금 미용사 가위질에 싹둑 잘린 머리카락 뭉텅이는
가을 낙엽처럼
점점
쓸쓸하게 떨어진다
묵은 외로움을 바싹 자르고 싶던 간절한 마음
가을 외로움을 비워내고
돌아온 집
기다리던 외로운 두 식구
늙은 코카스파니엘 연갈색 애완견 이쁜이와
하얀 토끼
모두 다 짝 없는 외로운 내 가족
그깟, 내 외로움 때문이었겠지만 맺은 인연
그렇게
너희까지 외롭게 한 미안한 마음
우린 각각 다른 소반을 챙겨 먹고 외로움을 한 번도
말하지 않았다
그저

조용한 눈길로 와 살짝 기대는
외로움

가을비 하루 꼬박 내리던 날
미완성 시심에 울 이쁜이 마침표 찍어 놓고
그만

저 홀로 떠났다.

버드리*

버들가지가 낭창낭창하기로 그니 춤추는
유연함을 따르랴
솜솜하게** 실안개 두른 듯하고
두려움 없이도
깜장 속눈썹으로 앉길 그니 청할 땐
마음 길 인연이 열린
궁창穹蒼*** 엔 바람이 일더라

드푸른 산과 들 가로지르고
때론 뛰고 달릴 때
다 들으리니
신명 두드리던 북장단이 신비로 울리고
흥이 눈과 귀에 가득 채워지는
언제 어디서든
피는 꽃

리듬 따라 사방 간데**** 향기 돋우는
그니 누구인가?
그니
바람처럼 구름 뜨락에 앉아

흐드러져 핀

미쁨 꽃 버드리

또 다른 목마른 인연을 찾아가는 버드리.

* 버드리 : 품바 공연하는 여성 예술인이며 그 주인공을 본 한 글입니다.
** 솜솜하게 : 삼삼하게 시적 표현.
*** 궁창 : 푸른 하늘.
**** 사방 간데 : 여러 군데.

그냥 죽어야겠다

그
냥
죽어야겠다

짖
고

이 팔 망통

경고 : 도박은 이 팔 망통 불치병입니다
단 한 번 호기심도 당신 삶을 해칩니다.

선택의 그릇

고요치 못하니 풍랑이 인다
정해지지 않은 선택이라면 헛꿈에 불과한 것
알 수 없는 마음의
그릇

슬픈 날에는
그가 몹쓸 거짓으로 운명을 속인다 해도
나는
믿을 것이다

그리하여
잠시, 그대의 인연에 행복했다면
그대에게

미움이 없다.

이첩 반상

저녁 시간 바람을 따라 채소 가게를 들렀다
실한 늙은 오이 한 개
봉지에 담고
짙은 보라색 가지도 한 무더기 샀다
봉지 안에 담긴 두 종류 저녁 반찬을 손에 들고 집으로
돌아온다

탐스러운 노란 껍질을 깎아내린다
뽀얀 속살
예전에 울 어머니 무쳐 주던 늙은 오이무침처럼
송송 썰어 소금으로 조물조물 버무리고
늙은 오이 숨을 다독인다
여름 폭염에 잔뜩 그을린 듯한
보랏빛 가지도 썰어 프라이팬에 들기름, 고춧가루, 깨
간을 맞게 하고
저녁 시간을 달달 볶는다

한 그릇의 밥과 국

두 가지 반찬이라 해도 내게는 생일상처럼
뿌듯해지는 식탁

이첩 반상.

인사

반갑게 만나 웃는 인사
헤어질 때 나누는 인사
그 인사에 인색지 말자
하루를 즐겁게 하고 소중한 인연이 되는 좋은 이웃으로
행복을 느끼는
벗이
된답니다

안녕하세요
감사합니다
고맙습니다

행복하세요

건강하세요.

잠깐, 담뱃값 알고 핍시다

라면 한 봉은 한 끼 식사다
담배 한 개비의 값은
라면 반 개의
값이다
오늘 당신의
습관에
몇 개의 라면을 피우셨는지
한순간 더 다짐으로
흡연 유혹을
잘
참는다면
건강과 행복 삶이 될
한 끼 식사를 얻을 수 있다.

* 라면 : (마트 세일 시) 착한 가격 한 봉 값은 500원 정도입니다.

폐지 줍는 노인

낡은 폐박스도 아니다

그저
사락사락 바람에 나부끼다 훌쩍 날아가는 광고지 몇 장
굽어진 허리
한 장의 광고지라도 더 줍기 위해
바람처럼 쫓아가는
두 눈
뻗은 손
거기에 생의 절박한 목숨 줄이 넝마처럼
매달려 있다

휘청이는 걸음

낡은 손수레
폐지를 싣고 삐걱거리는 두 바퀴
저울 눈금에 매달린 폐짓값 동전 몇 닢 받아 들고
고개 숙이는 빈곤한 땀방울
마트에 라면 하나 값을 치르고 구매한 양식
냄비 속에 라면 하나

그제야
허기진 끼니의 포만을 채우는
노인과

낡은 수레.

품바

비렁뱅이 각설이 왔소 벙글벙글 입담
장터에 풀어놓는다
작년에 왔던 각설이 죽지도 않고 또 왔네 품바 소리에
몰려드는
사람들
구걸하는 거지
애환 담은 우리는 품바 패

다 해진 누더기에 찢긴 벙거지
찌그러진 깡통
이 각설이 동냥 왔소
품바 타령 한 가락 질퍽하게 덩실덩실 놀아 본다
우스꽝스러운 손짓발짓
표정
음담패설
상스럽게 걸걸한 욕설 입담 모두 즐거워하는 각설이패

우린 거지고 각설이라 말한다
품바라 한다
눈보라 치고 비바람 부는 날에도 밥 빌어먹는

우리는 비렁뱅이 각설이패
거지 패
삶에 웃음을 주는

우린 품바 예술인.

3부

봄의 향기

겨울이 지난 봄

겨울이 찬바람과 함께 떠나고
그대 안고 있는 가랑잎 사이 배시시 잠에서 깨는
봄
파릇하게 피어오른다
씨앗에 파란 생명의 입김을 불어 넣는 따스했던 당신의 품
살그미 비집고 나오는
봄 아가의
손짓
긴 겨울 혹여 다칠세라 품어 주었던 사랑
한겨울
따뜻하게
당신의 품에서 기다렸던
아가의

봄.

매화 향기

잔설 하얗게 남은 시린 봄인가!
고고한 꽃
찬바람 견딘 홍매화 꽃잎 벙글어져 저리 아름답건만
날 유혹하지 않았다 해도
그대
봄으로 피어
어찌
날 흔드는가!

무슨 인연으로
그 많은 꽃 중의 네 향기가
널
그리도 그립게 하는지!
바람에 실려 온 비구름 후두둑 떨어져
꽃잎
젖거든
그건, 내가 우는

그리움이란다.

백목련의 봄

이른 봄 사월
바람이 더듬어 앉는 가지에 핀 하얀 목련꽃
성급한 햇살을 발라먹고
돋은 꽃잎
하얀
목련

발가숭이 가지마다 하얀 목련꽃을 안고
젖을 물리면
하얗게
해맑게 옹알거리는 해정한 꽃잎
봄바람에
하얗게
하얗게 꽃잎이 벙그는
사월

백목련.

서라벌 내리는 꽃비

동절기 보낸 봄이 목마름에 수척하다
싹이 돋고 푸르다 해도 물 한 모금을 기다리는 이파리는
수분 허기가 고파 하늘을 본다
흙은 제살이 갈라져 아파하고 돌멩이마저 푸석한
목마름
겨우 숨만 붙어 꽃이 피는
메마른 땅

옛 서라벌의 흔적을 찾아
경주로 갔다
사투의 분을 뽑아 연분홍 꽃잎이 피어나는 그 향기
찬란한 영광 도도한 금빛 역사의 도시
눈부시게
촉촉하게
살을 적셔주는 단비가 내린다

목탁 소리 울려 귀 기울여 듣는 불국사
석굴암, 다보탑
고승이 바라보던 세상의 지침도
불국사 벚꽃잎이 단비처럼

내린다

소설가 김동리
시인 박목월의 글 꽃잎이 구름에 달 가듯이
후드득
후드득
단비처럼 꽃잎이 내리는

옛 서라벌.

사월

별이 반짝이는 까만 밤하늘이 보고 싶어
사월 창문을 연다
우수수 쏟아질 것 같은 수많은 별
눈인사를 나누고
안부를 묻고
도란도란 밤새워 나눈 별의 언어가 내려앉아 밤은 별천지다

햇살이 눈 부신 아침
사월 봄 향기의 페이지를 펼친다
파릇파릇 이파리에 어젯밤 나눈 별 언어가 반짝거리고
꽃이 피고
새들이 재잘대는
상쾌한 봄의 아침이다

노란 꽃의 페이지
하얀 꽃의 페이지
분홍 꽃의 페이지
온갖 꽃의 페이지
페이지를 넘길 때마다 꽃향기의

포로가 되는

사월의 봄.

애린의 마음

그리움이 부풀다 못해 툭 갈라지는 삼월 봄
그토록 좋아한 그니를 만나러 열차 역으로 가고 있다
그곳에 가면
새벽안개를 타고 달려온 그리운 이가 빨간 장미로 기다리는
한 송이
꽃으로 서 있으리라.

보고 싶었던 애증
그리움
꽃과 바람처럼 맺었던 인연
아침 이슬에 생기 얻은 꽃잎의 미소와 향기
싱그런 그니 향기를 느낀 봄을 터트릴 그리웠던 봄이라는 거
이런 거겠지!
이런 날엔
촉촉한 봄비라도 내렸으면 좋겠다.

하얗게 아직 덜 삭힌 눈 덮인 해빙길 걷던 추억
그니
그 자리로 다시 떠나가고
슬픈 꽃으로 돌아와 앉는

그리움의 방

애린의 마음.

벚꽃 비

꽃잎 수줍게 흐드러진
봄날
곱게 몸단장하고 임 오실 날 기다리는데
임은 아니 오셨는데 야속한 몹쓸 비바람 만개한 꽃잎에
거칠게 드는가
임을 기다리다
청춘에 향기 잃은 슬픈 꽃잎 후드득후드득
낙하하는 벚꽃 비 슬프구나
그대
나를 잊은 듯이 봄을 잊었던가
봄을 잊은 듯이 나를 잊었던가
바람이 스쳐 가고 꽃잎 우수수 떨어진 길 따라
봄이 가는구나
계절이 가는구나
꽃잎 쓰러진 넋의 자리 찾아
혹여
그래도 그대 오실까 기다리는
슬픈 눈망울
낙하비

벚꽃 비.

오늘 핀 꽃잎

동과 서쪽에 핀 꽃이 아름답고
남과 북으로 핀 꽃이 저리도 아름다워 향기롭거늘
내 오늘 핀 꽃의
아름다운 향기 따라가리니
남풍에 실려 가리니

꽃잎이여!
운명의 축복 앞에 기원하게 하소서.

맹세의 피는 붉고
굳은 마음의 호수는 헤아리지 못할 만큼 깊어
사랑하는 마음 감히 티끌만큼도
내겐

거짓이 없나이다.

4부

여름 바닷가에서

삶의 차이

어느 삶은 날마다 행복해지는 하루가 되고
어느 삶은
날마다 힘겨운 하루가 된다
모두 공평하게 맞는 하루하루지만
극과 극이 연출 되는 각각 다른 목적 배분의 삶 차이
당신 삶의 미소가 담긴 그릇 수위는
어떤지요
굶주림이 익숙한
나는
나는
언제나
서럽습니다
왜

그런지요.

모기

모기란 놈이 참 귀찮게 왱왱거린다
어디 숨었는가
찾아도 흔적이 없다
느슨한 틈이 보인다 싶으면 시선을 속이고 요리조리
왱왱
흡혈을 위한 표적에 달려든다
비장하기가
목숨까지 걸었나 보다

산새, 풀벌레 소리 들리는 어느 산사에 도량 깊은 참 스님
만났더라면
달콤한 보시 흡족한 공양을 채웠을 테지만
밤이
이슥하도록
나를 기만하는 모기란 해충
미안하지만
기필코
공양 없이 잡아야겠다

해탈解脫로 널 천도하리니 먼 훗날 생에

이로운 생명으로 곱게 태어나거라
미안하다

칙칙.

바닷가에 앉아

푸른 파도 출렁거리는 바닷가에 앉아 모래 한 움큼
손에 움켜쥔다
파도가 빗살처럼 밀려오고
움켜쥔 손에 모래알이 살금살금
물결을 타고
이끌려 간다

한순간이었다
잠시 손안에서 머무른 한 움큼 알갱이가 모두 사라지기까지
어쩌면
인연의 그리움이었을지 모른다
만나고 헤어지는 삶이
그랬듯이

텅텅 비워진 손끝 마디에
바다의 흔적이 대롱거리다 떨어진다
철썩철썩
부딪쳐 오는 파도에 두 손 맡긴 채 먼 수평선을
바라본다

갈매기 울음소리 들리는
그리운 날에
그

바닷가에서.

바람꽃 2

바람, 구름이 쉬어 가는 푸른 계명산 마지막재
산 아래, 비췻빛 호수 보이고
심항산 종댕이길 소식을 담고 찾아오는
여여한 분지에 핀
바람꽃
정갈한 이파리마다 짙은 향기가
참
그윽하다

마음을 훔치듯

살그미 바람꽃 연정에 앉아
인연을 맺고
따스한 꽃잎 품고 도란도란 당신이 들려주는 긴 이야기에
귀 기울이다
바람의 노래 꽃잎을 담그는
바람꽃

바람꽃 꽃말

덧없는 사랑이라는 꽃말이지만
무심히 에둘러 갈 바람이었다면 그대 바람도 아닐 것이요
날 잊었을까
그예 아니 오시면 바람꽃은 꽃이 아닐 것이요
그러나
속이지 못할 계절, 날 못 잊어 오실걸

바람꽃은 압니다.

삶의 여정

성스러운 기운 짙게 느껴지는 칠흑 밤
별빛 반짝거리는
구름 아래
바람을 안고 숲을 가르는 발간 저 꽃의 향기는 그윽하다
안식처럼

별빛 반짝이는 어둠의 시간
딛고 가는 흔적 없이 따라다니는
달빛 그림자
고울 사, 꽃향기는 마실길을 떠나더니 그예 소식이 없고
어느 품에 머물러
단잠
들었는가

잠 못 이루는 밤을 보내다
벌침을 놓듯 따끔거리는 여름 아침 햇살에
놀라 잠에서 깬다
꽃향기
새들의 소리
살아가는 삶의 소리 들으며 다시 떠나는

꽃길 여정

길을 나선다.

솔의 품격

송피 감싸는 도톰한 갑옷을 챙겨 두르고
산하를 바라본다
고고한 소나무의 위엄
솔잎 사이사이 비비고 스쳐 가는
세월의 바람

찬 바람 부는 동절기
눈과 비바람 불어 시달려도 곧 을크러질* 사나운 계절 끝에
봄날을 기다리며
기스락**을 딛고 서 있는
곧은
기품

솔꽃이 피고 진 자리
수십 년, 수백 년
어쩌면
그보다도 더 오랜 수천수억 년 태초에 이어 군락의
승계를 이룬 자리

감색 노을빛 바람

갈색 솔잎
백골이 잠든 꽃의 자리에 솔바람이 분다
솔꽃이 핀다

노랗게.

* 을크러져 : 짓이겨져 녹아 없어질.
** 기스락 : 기슭의 가장자리.

영원의 포옹

짙은 에메랄드빛 색감 지닌 사모의 바다
당신의 바다
흠모가 된 자그마한 모래알로
당신을
기다렸습니다

머릿결같이 일렁이다 다가와
포옹하는 파도
물결 찰랑이는 해변을 찾아 온몸을 바다로 덮어주는
당신의 바다
푸른 꿈의 연인을 꿈꾸는
나는
작은 모래알

당신은 바다
나는 당신을 사모하는 은빛 금빛 모래알
가슴 벅차게 두근거리는
달콤한 키스
에메랄드빛 청혼을 기다리는

작은 모래알.

옥시기래요

뫼의 지형이 높고 험준하기로 가파른 고장
내 고향 강원도
산중마다 녹엽 첩첩 우거져
산들바람 쉬어 가는 숲에는
밤이면
소나무 사이사이 별 무리 소담히 앉아 반짝반짝

돌멩이 섞인 산뻬알
무텅˙ 밭떼기
5월 봄바람 살랑살랑 부는 밭고랑 하늘 밑까지 이어 놓고
옥시기 씨종자 한두 알씩 쿡 찔러 놓으면
어느 날엔가
비바람 반갑게 다녀가고
계단밭
싹 틔운 옥시기가 키 재기를 한다

솔바람에 말캉말캉했던 속살 탱글탱글 차올라
칠월 바람만큼 부푼 알갱이가
고맙기도 하다
기다란 긴 수염 늘이고 볕에다 말리는

노란

옥시기.

* 무텅 : 거친 땅을 개간 곡식을 심는 일.

칠월 숲 바다

칠월 정가로운˙ 바람이 분다
정함이 없이 넉넉한 길을 내주던 녹색 숲의 바다
연록의 표식
꿈이 뭉실뭉실 자라는
싱그러운 바다

푸른 숲의 바다에 졸졸거리는 물소리
목마름에 다가와
물 한 모금
부리를 담그는 새들의
쉼터

꽃향기 실바람을 따라 소식을 전하면
벌 나비 찾아오는
사랑 꽃이 피는 꿈의 바다
안식의 바다

칠월 숲 바다.

* 정가로운 : 맑고 정다운.

태백 가는 길

새벽 04시에 알림을 맞춰 놓은
쌍종시계
어둠이 잠든 방
알림은
정시 정분에 따르릉 귀를 무참하게 괴롭힌다
밤의 침묵을 찢는 괴물 소리에 놀라 쌍종시계를 응징한다
다시 평화를 얻은 시간
작게 째깍거리는
쌍종시계
평소 같으면 아직 단잠을 누릴 시간이지만
꽃길을 가는
약속의 정함이 있어
새벽안개를 밟고 길을 나서야 한다
부산하게 준비하고
밤안개가 내려앉은 별꽃 반짝이는 꽃길을 딛고
그곳으로 간다
즐거움이 정해진 그곳을 향해
벗님들을 만나러 가는

태백 가는 길.

황톳길

바람 불면 흙먼지 포르르 이는
황톳길
강렬히 내려앉는 열기
태양이 돌 뼈마디까지 달궈 놓은 돌을 밟고 개미 행렬이
삶을 물고
돌 위를 지난다

촉촉이 비가 내리는 날
누가 걸었을까
황톳길을 딛고 간 발자국마다 붉은 황토물이
호수처럼
찰랑거린다

낙엽이 우수수 쌓여 가을 이불을 덮는
가을 길

하얗게 눈 덮인 겨울이면
들짐승 먹이 찾아 황톳길을 딛고 가는
뽀드득
뽀드득 소리

그

황톳길.

휴가 계획

하루를 여는 시간
잠을 자고 일어난 이부자리를 정리한다
기지개를 활짝 켜고 닫힌 창문을 열어 파란 하늘을 본다
꽃향기가
아침 인사를 한다

며칠 억수 비가 줄곧 내렸다
어제와 그제
장맛비가 길을 잃었는지 연이틀 하늘이 맑았다
우기 동안 축축하게 젖은 마음도
볕에
말려 두었다

장마가 끝나지 않은
맑은 날
태양에서 무더위가 쏟아지는 나무 그늘에 앉아
바람 소리처럼 시원하게 들던
매미 소리

장마가 끝나고 팔월 휴가 계획을 본다

날짜는
무계획
머뭇거리다 끝난

휴가 계획.

5부

가을 낙엽 쌓인 길

만추晩秋 1

모닥이* 붉은 꽃잎이 쏟아진 가을에는 봄부터 품어온
잉태의 씨앗
곱게 잠들어 있다
살랑살랑 가을바람이 잦은 마름의 물결
점점 더 붉은 변신의 옷을 입는
아름다운
만추의 여인

붉은 머리 붉은 눈동자
붉은 옷을 입고
비탈바다**에 춤을 추는 만추의 여인
붉어
붉다
발갛게 그 이름의 여인

만추晩秋.

* 모닥이 : 한꺼번에 쏟아져 내리는 모양.
* 비탈바다 : 바다처럼 넓은 산비탈 시적 표현.

국화 詩人

이슬에 젖은 여명 빛이 하늘에서 열리고
안개 자욱하던 새벽
주렁주렁 삶을 채우는 깍지 속 날콩이 속살을 여미고
햇살을 기다리는
질마재

가을 詩人을 따라 국화 바람이
꽃잎에 앉으면
돋음 볕 동리에는 아기 울음소리 詩처럼 들린다
국화 향기
국화꽃을 사랑했던 국화 詩人이 남긴
발자국을 따라 걷는
국화 꽃길

그 꽃잎
그 향기
국화꽃을 사랑했던 詩人
한가로이 솜 구름 지나는 詩人이 살던
국화꽃이 노랗게 피는

질마재

詩人의 고향집.

국화꽃이 좋아서

국화꽃이 좋아서
국화 詩를 담아 국화꽃이 된 詩人의 질마재 동리
돋음 볕에 국화가 피던 날
출렁이는 바다의 새 생명을 불러다 국화 살 기워 입고
임의 입술에 이는 숨 꽃, 바람으로
국화가 된 詩人

국화 향기가 송골송골 솟는 밤
하늘을 덮고
가슴 가득 내려앉는 별을 안아다
꽃잎에 앉히는
詩人

사모한 마음 찾아온 詩人이 올린 맑은 술잔에다
국화주를 빚어주시고
정담을 나누다
움 싹 돋는 詩 소리 귀 기울여 듣다
국화가 좋아서 짙은 향 손을 잡고 나서는
질마재

그리움 따라
옛집 옛길을 걷는 詩人의 마실길 동행
따라 걷는 걸음걸음
길마다
詩의 향기 가득 피어 있더라.

남자의 고독

남자의 고독이란, 어느 구둣발에 툭 차여
핑그르르 퉁겨 날아가는
흙먼지투성이 돌멩이와도 같다
방향도 거리도
예측 없는 현기증같이

한 개비 담배가 다 타버리고
연기가 흩어질 때
쓸모가 다한 잔불이 남은 재를 탁탁 털어
뭉구리고, 버릴 꽁초처럼
슬픔에 울컥해지는 고독이리라

외로움 깊은 가을 낙엽 길마다
잎이 사락거린다
우수수 쌓인 낙엽 길을 두고 이미 떠났을
가을을 따라
쓰적쓰적 힘없이 걷는다

백열전구 희미한 포장마차
소주 한 잔 어묵 한 꼬치 거푸 마신

쓸쓸한 가을
어묵 통에는
고독이 담겨 끓는 김이 휘청 만취해 있다

남자의 고독처럼.

바람의 간이역

바람처럼 간이역을 찾아왔다
그리움 묻어 둔 간이역에 열차를 기다리는 장승처럼 서 있다
사람과
사람
부딪고 살던 사랑 살 내음 점점 사라져 가는
인적 드문 간이역
간이역을 떠난 바람 같은 그들
하늘 아래
구름 아래 어디에선가
살고 있겠지!

풀잎 무성한 철로 옆에는
바람에 흔들리는 코스모스꽃들이 살고
사람이 그리워
열차가 지날 때마다
가지 말라, 흔들려 우는 것 같은 코스모스꽃

사랑을 하던 그네들
이별을 하던 그네들
돌아오는 사람

떠나가는 사람
추억이 그리워 바람처럼 오가는 그네들
모두
기억하는
한적한

바람의 간이역.

빛바랜 시집을 품고

욱 쓰러진 숲길 바람이 들렁인다
무성하였기로 있고 없는 옛길에는 그윽하던 향기가
변이 소홀에 사라진 건
아닌지
옛 시인의 수염 빛 백발에 누워 있더라

님은 갔습니다
아아! 사랑하는 나의 님은 갔습니다
萬海
님의 침묵
영원한 참선 길 떠나셨고

영변 약산 진달래 즈려밟고 가시라던
素月 시인

죽는 날까지 하늘을 우러러 海煥 서시까지 저 멀어져 있는
안개 속으로 걸어간다
이지러지는 달빛 이리도 참 빠르던지
슬픈 발길 무겁다

풍한 바람 풀 한 포기가 이기지 못한다 해도
뿌리 깊음을 기억하자
가슴 적시며 함께 희로애락하던
그런 옛 시인
옛 향이 그리워지는 시인이라면 잊지 말자

그 시심.

사랑 배율

민들레 홀씨, 훨훨 날아가는가
구름 따라
바람 따라
어느 곳 가고 가다 앉아
그대 꽃 되었느니

연분홍 사랑의 청혼
붉은 장미같이 활활 다 태우리라, 했던 언약의 맹세여!
그만
잠에서 깨고만 꿈인 듯
비, 바람인가!

홍안의 옛 청춘 언제였는지
아득하여
잊지 못할 그리움아!
사랑이 어찌, 이토록 내 맘같이
아니 되는가
그러나
내

굳이

그댈 사랑할 일이로다.

술에도 외로움이 있다

홀로 외로운 마음 달래려는 빈 잔에
외로운 술 한 병

바람이 불던 그날 그대 떠나고
외로운 술병처럼
외로운 술잔처럼 쓰러져 그리워했던 슬픈 사랑 못 잊어
아시나요
그리운 눈물비를
술잔에 쏟아지는 꽃잎 비를
빈 잔을 채운 꽃잎 속에 외로운 술을 채우는 눈물 잔
외로움의 술잔
어둠 속 빛의 유성처럼 외로운 누군가를 만나
외로운 너를 위해
외로운 나를 위해
한 잔
두 잔
입술을 범한 가슴을 품고 취해 잠이 들겠지

술의 그 나름에도 널 기다리는 깊은 외로움이 있어
외롭게 빈 잔을 채워

나는
지금
널 사랑하련다

나처럼.

시비 詩碑

당신이 살았던 삶의 흔적이 호수에 피어
일렁이는데
당신은 끝내, 그 향기를 모릅니다
다만 詩의 혈류로 깊은 호숫가에 선 채 저 돌의 동맥으로
들어앉아 달을 닮고
별을 닮은
구름이나 바람을 닮았을
시인이여!

어둠이 티 없이 맑은 날 바람 앞에 서서 빚어 놓은 시를
호수에 담금질하면
시어는 수초처럼 가득하게 자라
달과 별이 당신 눈동자에다 시어를 가득하게
걸쳐 놓습니다
구름과 바람이 찾아와 다 함께 애틋한 詩를
읽고 갑니다

나뭇잎 쓰적거리는 발밑이 아리겠지요
귀영치˚ 말 못 하는 장승처럼
오도카니 서서

봄같이 찾아오는 그에게 당신 옷고름을 풀어놓고
지루하던 기두룸의 심성을 읽히겠지요
잊지 못하는
당신의 시어 앞에 서서

가슴에 담고 가는 그리운 이여!

* 귀영치 : 한 모서리.

안개 찻집

이른 아침 휑하니 바람 스치는 재래시장 입구
불 꺼진 홍등 하나
바람에 대롱거리는 안개 찻집
어디서 날아왔는지
사락거리는 가랑잎 몇 닢이 찻집 앞을
하냥 배회한다

가쁜 걸음에 찾아온 어느 노신사
불 꺼진 등이 미덥지 않아 잠긴 손잡이를 몇 번 당겨 보고
서성거리다
종종걸음으로 서운한 발길 돌린다

홍등 발갛게 켜지고
기다리던
노신사들이 찻집으로 들어간다
따뜻한 찻잔을 들고 오는
그니

조용한 듯 맑은 미소
한때 노신사의 첫사랑 여인 같은 추억처럼 찾아와

차를 시키는
그런 그리움이지 싶다!
그윽하게 찻잔 향기가 전이 되는
그니
홍안
그들이 돌아간 길가 발간 홍등의

안개 찻집.

외 저운 삶

간 날 그리움을 잊었던 삶 속에
잠을 자다
문득
꿈에서 깨어난 것처럼
물꽃처럼 젖는다

꽃 같던 청춘 향기에 취해 외로움을 모르고 살았던 젊음
구름처럼 흘러가고
바람처럼 스쳐가도
모두 떠나가 버린 노년 외로움을 생각하지 않았다
찬 이슬에 남겨진 외롭고
쓰레한˙ 삶

자운히˙˙ 안개 속에 갇혀
홀로 일어서려는 힘이 부족한 노년의 움츠림
붉은 노을을 바라보다 두 눈의 초점에 축축이 젖어오는
외 저운 삶의 꽃잎이 시들어 가는
무막한˙˙˙

외로움의 꽃.

* 쓰래한 : 쓸쓸한.
** 자운히 : 조용히.
*** 무막한 : 막막히. 아득한.

이별의 플랫폼

울지 않겠다고 몇 번을 또 그리 다짐했어도
돌아서 조용히
울고 있었다
파르르 떨리는 눈썹 왈칵 쏟아지는 눈물 플랫폼을 적신다
열차는 떠나자고 재촉하고
목이 멘 기적 소리는 가슴에 부서진다

덜컹거리는 쇠 음에 떠나는 열차
점점
저만큼 멀어져 간다
가을 낙엽이 열차가 떠난 레일에 날아와 쓰러져 운다
그렇게
무정하게 가버린
사람

모두가 떠난 플랫폼에
홀로 앉아
그 사람이 떠난
열차 레일을 따라 가슴이 당신을 쫓아가는
두 줄기 눈물

얼마큼 울었을까
어둠 속에 가을 밤비가 내린다
함께

울고 있다.

주왕산 가을

맑은 하늘에 뽀얀 솜털이 송송
앳된 하루를 천상으로 얻어 그 하루를 안고 주왕산으로
가을을 담으러 갔다
살결에 달라붙는 가을비 와도
동행하던 시인이랑 자박자박
시처럼 걸었다

칠흑의 밤
청송 휴양림에 안식을 풀어 놓은 가을 이야기
우수수 들리는 낙엽 소리
바람 소리
어둠 속에 별의 꽃씨를 뿌리는 소리
어둠이 걷힌
아침
약속에서 얻은 천상의 하루는 신에게로 돌아갔다

돌아오는 날
발갛게 옷을 입고 길목까지 따라와
손을 흔들던
그윽한 사과향기가

그곳에

살고 있다.

천수天壽까지 살아 볼까

꽃같이 곱던 봄날은 해마다 저리 고운데
무슨 까닭으로
나의 봄 청춘은 한 해 두 해
다르더냐
내 삶을 돌아보니 곱던 청춘 봄은 하마, 진즉 멀리 가버렸고
어이구
어이구 소리에
늙은 뼈마디 우두둑거린다

한때는 내 청춘의 봄도
너만큼
고왔었지
이제
나의 봄은 가고 없지만
너는 해마다 찾아와 봄꽃을 피우니
너는
좋겠구나

가을 감나무 홍시 저리 잘 익어가고
붉은 만산홍엽 발갛게 춤을 추는 아름다움 자랑 마라

어찌
내
너만 못하랴
그래
그래
마음이 봄 청춘 같아

천수天壽까지 함께 늙어 보자.

폐 거리의 그리움

낡은 페이지에 이는 바람 기억의 방에
이입해 둔다
봉인을 풀어 놓고 그대 가까이 몰입 삶으로 다가앉는다
오늘
무얼 읽으셨는지요
정담 인사에
시를 읽었노라, 답을 준다

눈에 익숙한 한 권의 책
내일은 소설처럼 읽고 모래는 수필처럼 읽고
글피는 다시 묵은 옛 시처럼
읽을 참이라 한다
궁금했다
꽤 읽었다면 소설이요
엔간히 읽었다면 수필이라 했다

시절에 묻혀 늙은 시집

폐 거리 그리움을 두고
어느 현대 시인의 한마디 이르기를 옛 사고私考의 시는

죽은 문학이란다
그대 시를 지으라 했다
나는 죽음의 무덤에서 슬프게 피는 꽃의 시어와
망자亡者의 술잔에 떠 있는 늙은 시어에
술을 붓고

가슴에 꽃씨를 심으려네.

추연 惆然

구름길이 참, 허허롭다.

이 가을 길에
붉디붉은 만산홍엽滿山紅葉을 걷고 있으려니
어쩌자고
저
몹쓸 바람이
가슴에 품은 가을을 쓸어 내고 있는가!

바람 따라 뒹구는 낙엽
인연도 금시였건만
어이
이별 길 재촉할 바람 저리 무심하기로
첨첨 찢기는 가슴앓이 눈길 애달피 서성거리다
그만
난

하얗게 장승이 된다.

혼란 昏亂

마의 블랙홀
소용돌이에 끌려가다 갓 멎은 새벽 처절하다 못해
산산이 부서진
꿈
어둠이 침묵을 뜯고 있다

표독한 살쾡이가 베어 간 살점에서
붉은 선혈이 뚝뚝 떨어진다
통증
미처 몰랐던 혼란의 시간이 최악이다
후회를 말하기에는
늦었다

무성한 꽃 봄을 상상했던
어리석은 망상
외로움이 아니었다면
하얀 겨울의 아름다움이 더 행복했을지도 모른다
상처를 봉합한 어둠이 지나가고
비로소

하얀 꽃잎이 피었다.

6부

겨울 하얀 눈꽃이 핀다

겨울 바닷가에서

바닷가에 오면 답답한 가슴 울음의 실타래를
파도 속에다
던져 버린다
포물선을 그리며 풍덩 바다에 잠긴다
엉킨 실타래의 올이
바다에서 조금씩 풀어진다

바다는 술렁술렁
가슴에서 풀려가는 실타래는 무게가 된 어깨의 들썩임을
조용히 안아주고 있는
푸른 바다

하얀 겨울 눈꽃 송이가
바다에 내린다
한참 동안 바다와 그렇게 말없이 있었다
답답하던 가슴이 따뜻해진다
그래
이제 돌아가야지
바다의 파란 눈을 가슴에 담고 돌아선다

눈을 맞으며.

가리탕

깜장 무쇠솥 깊이 반 질 넘을라, 작은 바다
그 바다에
비법 같은 향초 몇 가지 몸을 불리고 어류도 아닌 것이
어류처럼 풍덩풍덩
너울 속으로 몸을 담근다

활화산도 아닌 화덕 위 붉은 꽃씨로
몸을 달구는 무쇠솥
모락모락, 휘파람을 불며 뽀얀 안개보다도 바람보다도
바다는 분화를 밀어 올리듯이
깊은 숨을
쉼 없이 토한다

그만그만한 쇠 가리 섬
몽실몽실 실하기로 모여 앉은 채 꽃도 아닌 것이
초 삼월 홍매화 가지에 핀 붉은 향기처럼
미각을 자랑하다
내 입술을 기꺼이 탐하더라

하늘 떠받힐 기세

수심 속을 곧게 딛고 선 기둥을 따라 열린 바다는
포만을 채워줄 짙은
우牛 바다
보혈의 따스함을 녹이는 풍미한
그 이름 너는

가리탕.

물꽃의 동면

바람이 거칠어지는 느지막이 가을
떨어져 쌓인 낙엽 바스락거리다가 차가운 바람에
쓸려간다
동면을 요구하는 찬 서리도
칼 꽃처럼
영역을 넓힌다

바람이 이슬처럼 떨구고 간
물꽃 분자
아가미에 수분이 되지 못하고 흙살에 갇혀
굳어진다
응고된
물꽃의 동면

햇살 드는 볕의
봄
봄꽃으로 달려가 몸을 푸는

물꽃이 된다.

봄을 품은 겨울

가을 이파리가 불꽃처럼 붉다
겨울이 오기 전
가을이 품고 있는 만삭의 씨앗 순산해야 한다
초입, 겨울
낙엽 속에 따뜻한 보금자리 남기고
가을 어미는 계절 속으로
떠났다

가을 어미가 남긴 낙엽으로 보듬고
겨울 어미 품에서 잠이 든
널
봄이라고 부른다
겨울 찬 바람 불어오면 바람길을 돌려놓고
언 땅 해동을 기다린다

봄이 오면 낙엽에 귀 기울여
봄의 심장 소리를
듣다
겨울 어미는
널 위해 촉촉한 봄비 부르러

떠났다.

영덕 바닷가에서

바다가 보고 싶어 홀로 영덕 바닷가를 왔다
음식점마다
여러 종류 게가 수족관에 가득하다
여행객 행렬이 북적거리고 호객 행위 바닷가에는 파도가
게걸음에 철썩거린다

군침 도는 먹거리 호기심에
지나던 길 멈추고
발간 홍게 더미의 가격을 물으니 한 마리
일만 원씩 값이다
여유롭지 않은 홀쭉한 주머니 지폐 몇 장 만지작거리다
그냥
돌아섰다

먼 거리에 서서 커다란 홍게 한 마리를
마음속에
담아
바다로 갔다
파도가 밀려와 하얀 물거품이

바위에 부딪는다

기러기 떼 끼룩끼룩
몰려다니고
바위에는 사람들이 드문드문 고기 낚시를 하는지
홍게 낚시를 하는지 기다림이 진지하다
바다를 보고 돌아오는 길

겨울비가 바다처럼 내린다.

이방인의 맑은 눈

녠 티란, 그녀의 이름이다 무슨 뜻 이름일까?
궁금했던 그녀의 답은
빛나요, 한다
이 땅에 낯선 삶의 뿌리를 내린
그녀는
멀리 비엣남에서 온 수줍은
이방인이다

티 없이 맑은 저 순백의 마음에는
푸른 산과 들, 맑은 강이
흐르고 있겠지
부딪고 살던 부모 형제 고향집이랑, 옛 친구
이제는
저 별 어느 아래쯤 있을 추억의
그리움이겠지

난초 잎처럼 가냘프고 연약하나
그녀는 강하다
그래야 하는 것처럼
웃지만

그리움의 저 두 눈은 왠지 슬퍼 보였다
때론
회한의 눈물을 몰래 훔치는

여긴 타국 땅.

이삭 휴일

바람에 소식을 듣는 붉은 꽃 가을
분주한 삶의 손길이 바빠지는 사람들과 함께 살아가는
삶의
터전

휴일을 누리지 못한 두 달
삶이
지쳐 있었다

모처럼 얻은
이삭 휴일의
하루
휴일 반나절을 잠에 취해 있었다

창가 햇살이 단잠을 깨우는 자리에서 일어나
볕이 든 담
이불 빨래를 널어 두고
커피 한 잔을 마시는 행복한
하루

이삭 휴일.

첫눈

널 기다리지 않았어도 첫눈은
창문으로 함빡
찾아와
내게
반
가
운
인사를 건넨다

하얀
백합을 닮았고
하얀
목련을 닮은
하
얀
눈

반가움에 달려가 너를 만난다.

7부

행복, 슬픔, 그리고 그리움

나는 천사가 되었어요

거친 비, 바람에 떨다 더는 피지 못한
꽃송이
꽃잎 떨어졌다고
아빠
엄마
더는 아파하지 마세요

예쁜 꽃잎이 피일 때마다 꽃잎에 영혼으로 앉아 예쁘게
아름답게 있을게요
그만
날 위해 울지 마세요

이별이 무서워 두려웠던 시간도 다 끝났으니
괜찮아요
보고 싶을 땐 밤하늘 별의 천사를
가슴에
따뜻하게 안아주세요
아빠, 엄마 두 분 사랑에 행복했었고
이제

슬퍼하지 않아요.

고마웠어, 그리고 미안해

사람과 사람으로 맺지 못한 인연
내게 코카스파니엘 종견의 인연으로 동행이 된
황색 반려견
이쁜이
13년 사람의 곁에 함께했어도
단 한 번이라도
허락하지 못했던 제 삶의 사랑을 몰랐던
외로웠을 너
퇴근 후 돌아온 집
현관문 앞에 앉아 언제나 날 기다리고 있던
울 이쁜이
기다리는 하루
혼자 얼마나 외로웠을까
오늘따라 출근길 배웅이 없다.
어디 아픈 걸까?
걱정에 퇴근 후 널 안고 달려간 병원
초음파 진단 후 주사 몇 종류 맞고 처방을 받았다
괜찮을까?
그 좋아하던 맛 난 것 마다하고
앞에 와 바라보는 마지막 작별 인사였다

병원 다녀온 40분쯤
눈도 감지 못해 흘린 작별의 눈물
한참을 안고 펑펑 울었다
곤지암 화장터
오열에 널 떠나보내고 유골함에 담겨 돌아오는
싸늘하게 느껴지는 집
미안해
정말 미안해
울 이쁜이 고마웠어. 그리고

미안해.

기러기 바람

어둠 속에 별이 반짝이는
밤하늘
당신은 이별의 기별조차 못 한 채 하늘 어딘가에
하얀 꽃구름이 되었다

바람 불고 비가 내리는 날에는
그리움이 씨락 닮아 부풀었다 툭 하고 터지는 슬픈 눈물
구름을 쫓아
나
바람처럼 그대 흔적 찾아 떠돌다
어느 하늘 아래 꽃비 내리는 숲에 앉아
흠뻑 젖어 있다

어느 구름에 닿으면
당신일까
혹
만날지도 몰라 불러 보는 그 이름
힘을 잃고 돌아오는
메아리

기러기 바람으로 세상 떠돌다가
하늘이 붉어 그대 우는 그리움에 닿고 싶어
윙윙 우는
바람 소리라오
언젠가
꼭

당신을 만나리다.

당신이 고맙습니다

참담한 오열의 팽목항
처절하던 분노의 피가 솟구쳐 마르는
거친 바다의
낮과 밤

사랑하는 가족을 잃은 몸부림
당신의 아이
내 아이
이제 다시 함께할 수 없는
이별

내 아픔처럼 달려와 아파하고 슬픔을 함께 위로해 주던
당신의 고마움
내
슬픔만을 아파하다
문득
정작 당신의 따뜻한 사랑 손길을
잠시
잊었습니다
정말

미안합니다
당신이

고맙습니다.

바람과 구름의 해후

그리운 그 사람이 떠나던 슬픈 날에
하늘 어딘가에서
바라보고 있을까
당신 안식을 위해 어느 앳된 나목에 스며 곤히 잠들면
뼛골이야
천만년 거목이 되려 하늘에 고하는
그리운 임아!

제각기 갈라져 다섯 손가락
조막손도 아닐 저
떠나는 먼 길 왜 잡아주지 못했는지
그대 하늘 가까이에 닿아
바람으로
부르나니

들으라 임이시여!

울부짖는 내 바람 소리 애통하게 들리거든
후드득 그대 눈물의 비
부둥켜안고

울지 못했어도 바람과 구름으로
그리웠던
이

해후.

내 살아 그리움이여

올 곧이 나뭇가지에 이름 모를 산새 찾아와 앉아 울면
그대 보고 싶은 그리움이려니
하시구려

그대 흘린 눈물
살 비비어 바람이라도 불면
그대 언제 다시 오려는가 붙드는 미련

하염없이 마냥 기다리다가
고개 숙일 때
붉은 노을마저 칠흑 밤이 되어가는 홀로 우는
바람 소리

어느 세상에 서로 잊지 못해
그리웠으면
날마다
그리움으로 우는

바람 소리.

별이 되어

바람 차가운 사월 바다는 잔인했다
죄 없는 어린 꿈
영혼이 와르르 무너지는 저 바다에는 울부짖음이
오열에 변한
거친 파도가 되었다

누구의 잘못인가
이별을 모르는 앳된 꽃송이
짧은 인연을 놓을 수 없어 두려워했을 이별
슬픔에 꺾여
깊은
바다에 잠긴 꽃

가슴에 또 다른 눈물바다를
품어 놓고
보고 싶어
바다에 손 밀어 넣고 너를 느껴본다
팽목항에 별이 된
내

아가.

봉인문

달그락달그락 쉬, 열리지 않는
봉인된 문
허락을 거부하는 자물쇠통 미열에 대롱거리다 동그마니
흐느낌으로 떨고 있다
닳아서 뭉그러진 쇠 열쇠를 쥔 손에
비가 내린다

억수 비가

버린다는 거
잊는다는 거
쉽지 않은 망설임이 멈춘 순간
어느 그네가 저 열린 문을 훌쩍 지나간 오열 젖은 문을
바라보다가
성급하게 날 밀어 넣고 싶었지
그땐

그땐 그랬어!

접견을 거부하는 그는 여긴 허락된 영혼이

지나는 문이지
그가 놓아 주는 봉인문 위에 삶
마음 씻기는 비가 내리고 허락된 푸르른 저 초원
새로운 삶을 찾아가야겠지
그땐!

고마웠어.

사랑 아니어도 좋은 벗

한 사람을 좋아한다는 것, 그 얼마나 아름답고
싱그런 정신이던가!
흠모한다는 것
그 마음 역시 숭고하고 맑은 영혼이 빚는 불멸의 꽃향기
같지 않은가
하지만 맑은 인연으로 그대에게
답을 구하나니
경계 없을
벗 됨이 어떠하리오
예와
아니오, 는
그대 마음이 선택할 몫이겠지만
난

벗이라 이르리다.

사랑과 이별의 같은 분량

사랑할 땐, 내 모든 인생을 걸고 바친다
그러나
이별은 다르다

사랑한 만큼 갈기갈기 찢긴 아픈 마음이 그만큼이다
사랑한 만큼
눈물도 그만큼이다

그리워한 만큼 못 잊는 것도 그만큼이다.
사랑한 만큼
잠 못 이룬 밤도 그만큼이다

그래서
사랑한 만큼 널 향한 분노도

그만큼이다.

새벽에 핀 바람 소리

수없이 많은 갈림길
유혹에도
한길 걸으며 바람의 언덕으로 아픔을 덜어 안고 간 사랑
피골이 아파 절박해지는
순간
그 슬픈 근심마저 하 무심히 몰랐습니다
어찌
모질게 침묵하셨는지요
내 무지렁이 감각 헤아리지 못했나이다
괜찮으실 겁니다
수척한 새벽 한 걸음씩 걷다가 들리는 바람 소리
걱정하지 마시게!
울컥했던
희망
청보리 싹 바람에 이는 숨결 소리
감사합니다
붉게 피어오르는 새벽 여명의 심장 소리

바람 소리.

* 피골 : 살가죽과 뼈.
** 무지렁이 : 일이나 이치에 어둡고 어리석은 사람.
*** 바람 소리 김윤기 선생님께서 지병으로 위중한 고비를 넘기고 회복으로 쓴 글이지만 안타깝게 3년 뒤 운명하셨습니다.

아가야

아이를 만나러 가는 길
언제나, 네가 오가던 이 길에 예전처럼 비가 내린다
노란 우산을 들고 마중하러 간다
기다려도
기다려도
네 모습 보이지 않는
기다림이 길어지는 비만 내린다

너를 닮은 뒷모습
반가움에 달려가 아이를 부르며 와락 끌어안았다.
내 품에는 낯선 아이가 있다
주저앉아
그만
목 놓아 울었다

보고 싶어
품에 바람을 안고 비와 같이 목 놓아 울다 불러 보는
내 아가
비가 내리는 하루 종일
얼만큼을 더 이 길에서 널 기다리면

다시
만날 수 있을까?
내

아가야.

아름답게 살겠습니다

어느 때인가 운명처럼 당신을 만나고
사랑하고
우리는 그렇게 행복했습니다
그러나
너무 짧았던 행복
이별이 시간은 우리 둘의 사랑을 갈라놓고 말았습니다

바람 같은 인연
돌아오지 못할 나라로 떠난 당신의 꽃, 바람
만나지 못할 사랑
그곳의 당신은 지금 행복한가요
바보같이
바보같이 묻습니다

아침이면 당신이 습관처럼 마시는 모닝커피
식탁에
놓아둡니다
알면서
비워지지 않는 커피잔을 바라봅니다
고마웠어요

그리고 울지 않을게요
당신이 준 사랑으로 살겠습니다

아름답게 살겠습니다.

우리가 죄인이란다

삶의 희망이던 아이는
푸른 바다에 머물렀고 이제는 거친 파도 속에서
살아야 한다
어쩌다
저 무심한 세월호는 왜 아이를 붙들고
거친 바다에 누웠을까

무너지는 숨결 생을 붙들고
살려달라고
살려달라고
절박한 애원의 외침 소리마저 저 바다는 외면하고 말았다
눈을 감는 순간까지 얼마나 애타게
우리를 불렀을까

너희가 무슨 잘못이 있어
다른 세상 밖으로 떠밀려 가고 있어도
붙들어 주지 못한
우리의 죄
무슨 염치로 슬퍼하고 오열하는가
그 짧은 인연

두 번 다시 널 만날 수 없는 우리가 죄인이란다
사랑했다

내 아이야.

투병

의식 없던 실눈을 깨운다
찾아온 햇살
콘크리트 병실 머리맡에는 심장을 시다하는 각종 전자기기
알림 수치들이 즐비하다
생명의 꽃을 안고 하루하루 사투를 벌였던
이승과
저승길 간의 시간 싸움에서 얻어낸
희망의 빛

혼미했던 암실의 절망
의식 없는 하루하루가 십 년 같았던 시간을 밀어내고서야
오늘
얼만큼이나 많이 더 좋아졌을까?
눈물과 함께 웃어 보는
행복
소금꽃이 피어 무릎에 옹이가 박힌 다리 움찔움찔
풀어 보는 모습

휠체어에 의지하고 맞이하는 산책로 바람
다행스럽게도 향기롭고

살갑다
상쾌하다
새 삶의 선물이 된 울림의
전이
펌프
모두를 위해 사랑을 저버리진 않겠다는
저 희망의

눈빛이 다행스럽다.

* 바람 소리, 김윤기 선생님의 투병기 중에서, 지금은 고인이 되셨습니다.

저 바다는 왜

악마의 입을 벌리는 바다
울부짖는 저 어린 꽃의 애절한 외침을 외면하면서
저 바다는
왜
수많은 생명을 꺾었을까
무심한 바다

이제 돌아올 수 없는 여린 영혼의 꽃들
영혼의 울부짖음
바다는
바다는

원망의 바다.